이 책을 통해
마음을 나눌 수 있어
기쁩니다.

저자 박강수 드림

바람이 거세어도 꽃은 핀다

바람이 거세어도
꽃은 핀다

박강수

책공방

프롤로그

나는 오래도록 순간들을 붙잡아 두고 싶었다.
바람에 흩날리는 꽃잎처럼 사라질 것 같은 웃음, 골목을 채운 햇살,
가만히 젖어드는 그리움까지. 그 작은 조각들이 모여 시가 되었고,
그렇게 쌓인 시간들이 이제 한 권의 시집 속에 머물게 되었다.

삶은 언제나 거세게 흔들리곤 했다.
때로는 폭우처럼 쏟아지는 날이 있었고, 때로는 뜨거운 태양 아래 숨이 차오르기도 했다.
그러나 그 속에서도 피어나는 꽃은 늘 있었다.
그 꽃은 한 사람의 눈빛이었고, 손끝의 온기였고, 잊힌 줄 알았던 기억이었다.

이 책에 담긴 시들은 특별한 기교가 아니다.
그저 내가 보고, 듣고, 겪고, 마음속에 오래 간직하고 싶었던 순간들의 언어다.
아이의 웃음, 어르신의 눈가, 강가에 흔들리던 풀잎, 어머니의 손길…
그 모든 것들이 나를 시인으로 만들었다.

바람이 거세어도 꽃은 피어난다.
이 제목은 내가 살아온 길의 고백이자, 독자와 나누고 싶은 마음이다.
혹여 이 시집이 누군가의 지친 하루 위에 작은 꽃 한 송이로 피어난다면, 그것으로 충분하다.

차례

프롤로그	004
봄비	012
5월	014
드리고 싶습니다	016
바람이 거세어도 꽃은 피어난다	018
꿈꾸는 그대에게	020
청보리에 말을 걸다	022
붉은 숨결, 양귀비	024
도심을 흐르는 마음, 월드컵천	026
마포, 바람이 쉬어가는 곳	028
다시 피어나는 난지도	030
따뜻한 이름 효도밥상	034
작은 골목에 피어난 마음	036
골목을 도는 작은 버스	038
누가 있어도 없는 마음	040
초록이 말을 거는 길	042
친구라는 말의 온도	044
당신을 기억합니다	046
순댓국 한 그릇 놓고 앉으면	048
황금보리에 스민 어느 날	050
하늘길	052

망원시장 골목에서	**054**
마포나루에서	**056**
모닥불 위에 피어난 웃음	**058**
저녁빛이 묻는 시장 골목	**060**
잠든 별빛, 흐르는 자리에서	**062**
여름 저녁이 물드는 강가에서	**064**
아침이 피어나는 산길에서	**066**
숨결을 닮은 언덕에서	**068**
아침을 만나는 산책길	**070**
침묵 위에 피는 기도	**072**
기억 위에 피는 숨결	**074**
비 오는 도시	**076**
나무와 마음이 걷는 길	**078**
책이 피어나는 거리에서	**080**
도서관의 오후	**082**
작은 손에 피는 꿈	**084**
바람의 안부	**086**
반려견과 함께한 작은 밤	**088**
바람의 마음이 머무는 곳	**090**
정이 피어나는 골목	**092**
소박한 하루를 담는 시장	**095**

새벽의 품	098
비에 잠긴 운동장	100
강물 위에 시간을 멈춘 배	102
마음을 걷는 길	104
기억이 머무는 경기장	108
반려와 함께 걷는 도시	110
소나무 길에서	112
불향이 피어나는 골목	114
두근두근 폭우	116
소금길	118
기와 아래의 시간	120
잠들지 않는 발걸음	122
불빛에 구워내는 마음	124
동행	126
와우산	128
토끼굴	130
통통통 아이들의 웃음	132
엄마의 자리	134
엄빠랑 물놀이, 여름이 웃는다	136
바람 속에 남은 토정 이지함	138
햇살이 튀어나오는 38도	140
삶	142
망원동 골목에서	146
맥문동이 피는 골목	148
어르신의 생신	150
작은 잔 속의 꿈	152

강가의 여름, 댕댕이의 하루	154
코스모스	156
황톳길을 걷는 마음	158
오후의 눈꺼풀	160
수국의 향기	162
도심 속의 폭포	164
의자	166
방콕휴가	168
여름날의 보리밥	170
할미꽃	172
폭우	174
어매(1)	176
아버지	178
요양병원	180
어매(2)	183
등불 하나	186
뭉게구름	188
풀벌레가 웃는 오후	190
사람 사이의 자리	192
아이들의 하루가 피어날 때	194
비	196
마술	198
갈등	200
세월 여행	202
에필로그	204

바람이 거세어도 꽃은 핀다

봄비

여름 날
소나기처럼
쏟아져 내리지
않아서 좋다

사랑했던
사람의 눈물처럼
소리 없이
애틋해서 좋다

겨우내
숨죽이던 그리움들이
하나
둘

얼굴을 내밀면
이제
더 이상
아픔을 가둬 놓을 수가 없다

이 비가
그칠 때까지
하염없이
그리움을
앓아야만 한다

봄비는
조용히
가슴을 적시며
내 얼굴 위로
흘러내리고 있다

5월

봄을 만나러
들로 나선다

싱그러운 나뭇잎
초록빛으로 물들고
살랑살랑 봄바람은
나를 휘감아 돌고
따스한 햇살은 새색시처럼 곱다

아카시아 하얀 꽃
수줍게 떨며 속살을 내밀면
벌들 날갯짓 바쁘고
키 큰 미루나무 덩달아 신이 난다

들판은
이제 온통 푸르름으로 가득차 있다

강물 같은 그리움으로
봄은
그렇게
다시 우리 곁으로 돌아왔다

드리고 싶습니다

당신에게 주고픈 게 있습니다

주는 사랑에 기뻐할 수 있는
고운 마음을 드리고 싶습니다

삶의 순간마다 기쁨을 느낄수 있는 여유를 드리고
싶습니다

어려움을 차분하게 헤쳐 나갈 수 있는 지혜를 드리고
싶습니다

매사에 감사할 줄 아는
겸손을 드리고 싶습니다

당신을 만나고 싶은 생각이 나도록
후덕한 심성을 드리고 싶습니다

가는 곳마다 당신의 느낌이 물씬 남는
사랑스런 향기를 드리고 싶습니다

바람이 거세어도 꽃은 피어난다

흙먼지가 날려도
햇살은 길을 찾아오고
바람이 거세어도
꽃은 피어난다

내가 걷는 길이
막막하게 느껴져도
어딘가에선
내 꿈이 자라고 있다

지금은 보이지 않아도
느껴지지 않아도
시간은
나를 향해 흐르고 있다

잠깐 멈춰도 괜찮다
고개를 들고
조금씩 다시 걸으면 된다

언젠가는
내 꿈도 피어날 테니까

꿈꾸는 그대에게

가슴속에서 꿈틀대던 작은 희망이
어느 순간 꿈이 되어
조용히 나를 이끌었다
그 꿈 하나 품고
나는 오늘도 길을 나선다

등 뒤에 머물던 어둠과 불안,
이제는 모른 척 등을 돌린다

끝이 보이지 않는 길 위에서
숨이 차오르고 발이 부르터도
나는 멈추지 않겠다

누군가는 비웃고,
누군가는 외면할지라도
내가 품은 이 꿈 하나만은
끝까지 지켜내고 싶다

그렇게 나는
내가 되고 싶은 나를 향해
한 발 한 발 걸어간다

청보리에 말을 걸다

푸르다, 참 푸르다
바람 결에 흔들리는 그 모습이
괜스레 마음을 흔들고 간다

누가 시키지 않아도
햇살을 받아 키를 키우고,
누가 보지 않아도
꼿꼿이 하늘을 향하는 너

참 예쁘다는 말보다
참 고맙다는 말이 더 어울리는 너

청보리, 너를 보고 있으면
마음이 스르르 풀린다

나도 괜찮겠다는 생각이
문득, 조용히 스며든다

붉은 숨결, 양귀비

초여름의 길목,
햇살 아래 서 있는 너
연약한 숨결처럼 얇은 꽃잎,
그 위 붉게 번지는 온기 하나

바람이 스치면
금세 무너질 것 같아
눈 뗄 수 없는 너
수줍은 듯 피어나
들판을 붉게 물들이고 있는 너

너를 본 모두
걸음을 멈춘다
'참 예쁘구나'

짧은 찬란함
마음 어딘가에 스며들고,
아무 일 없던 하루
햇살처럼 바람처럼
나를 물들인다

도심을 흐르는 마음, 월드컵천

바쁘게 흘러가던 하루에
작은 물소리가 말을 건다
잠시 멈춰도 괜찮다고……
이곳엔 늘 시간이 천천히 흐른다고

월드컵천,
너는 도시의 틈 사이에서
자연의 숨결로 살아 있다
햇살을 머금은 물결은
양귀비, 청보리를 한 폭의 추상화로
산책 나온 아이의 웃음도,
물 위에 둥둥 떠다닌다

가끔은 바람이 지나가고
이따금은 기억이 머문다
그저 흘러가는 듯 보여도
너는 모든 순간을 품고 있었다

높은 빌딩도, 지친 마음도
이곳에선 작아지고,
풀잎 하나, 잉어 한 마리에게도
눈길을 줄 수 있게 되는 곳

그래서일까
이 물길 따라 걷다 보면
어느새 마음도 조금씩
고요해진다
도심 한복판에서 만난
작은 평화처럼……

도심을 흐르는 마음, 월드컵천

마포, 바람이 쉬어가는 곳

한강이 길게 숨을 고르고
하늘공원은 바람을 가만히 품는다
난지도는
사람보다 나무가 먼저 인사하는 순간들이 있다

월드컵천을 따라 걷다 보면
물빛보다 먼저 내 마음이 비친다
청보리는 조용히 흔들리고
양귀비는 짧은 생을 온통 붉게 피워낸다

망원 한강 둔치의 자전거 바퀴 소리,
성산대교 아래를 맴도는 이름 모를 철새들,
그리고 망원시장에서 들려오는 사람들 말소리까지—
모두가 이곳의 풍경이자 기억이다

마포는
분주한 도시와 빛나는 강물 사이,
잠시 숨 고를 수 있는 여백 같은 곳

그리고 그 여백 위에
햇살이 내려앉을 때,
마침내
내 마음도 이곳처럼
조용히 흐르고 있다는 걸 알게 된다

다시 피어나는 난지도

난지도
세상에서 가장 슬픈 이름이었다
버려진 것들이 모여
하늘조차 숨고 싶던 땅
그곳에선
침묵만이 자라고 있었다

하지만
시간은 상처 위에도 꽃을 피워낸다

작은 풀 하나
억새 하나,
어디선가 날아온 바람이
먼저 마음을 풀었다

햇살은 조심스럽게 내려앉고
새들이 그 위에 노래를 지었다
아이들이 웃고,
누군가는 사랑을 고백하는 곳
한때의 어둠은
지금은 고요한 풍경이 되었다

난지도
그 이름을 부를 때마다
조금은 울컥하고,
조금은 다정하다

모든 것이 떠났던 자리에도
다시 사람들이 오가고
기억이 남은 공간마다
자연이 스스로 빛을 되찾고 있다

그 들판 한가운데 서면
마음 한쪽이

조금씩 풀리는 걸 느낀다
다 괜찮다고,
바람이 귀띔해준다

따뜻한 이름 효도밥상

해가 중천에 뜨면
골목 어귀엔
은은한 국물 냄새가 번진다
햇살은 창틈에 기대고
마음은 조용히 식당으로 향한다

누군가는 말없이 들어서고
누군가는 먼저 웃으며 인사한다
미소로 도란도란
같은 시간을 나누는 사람들

밥 한 그릇,
국 한모금에
고단함이 녹아내리고

오후를 건너갈 힘이
마음에 스며든다
따뜻한 밥상은
그저 끼니가 아니다
작은 안부이고,
조용한 응원이다

이름 대신
"어르신"이라 불러주는 그 자리에서
반찬보다 더 깊은 정이
밥상 위에 놓인다

함께 앉아 먹는 점심은
혼자의 시간을 덜어주고
누군가의 마음에
소리 없이 햇살이 된다

그 조용한 밥상은
낮의 시간을
따뜻함으로 채우고 있다

작은 골목에 피어난 마음

경의선 숲길을 건너
작은 모퉁이 하나를 돌면
세모 모양으로 퍼진 골목
천천히 나를 맞이한다

낯선 듯 다정한 그 길은
누구든
자연스레 끌어안는다

벽을 타고 자란 담쟁이,
아기자기한 가게 간판들,
창문 앞 작은 화분까지
사소한 것이
거리의 풍경이 된다

발길을 멈추게 하는 건
화려함이 아니라
숨결 같은, 조용한 정감
오래된 나무 벤치 위에도
누군가의 시간이 앉아 있다

이 길은
길보다 마음이 먼저 걷는 곳
함께여도 좋고,
혼자여도 어색하지 않은
그런 골목

길을 따라 걷다 보면
문득, 나도
누군가에게 따뜻한 골목이 되고 싶다

골목을 도는 작은 버스

젊음이 흐르는 거리에서
작은 버스가 출발한다
음악 소리와 사람들 틈을 지나
초록이 머무는 길에 잠시 눈을 맡긴다

아기자기한 골목을 돌며
사람들의 미소를 담고,
구수한 냄새가 골목을 따라온다

바람이 부는 공원에 닿으면
아이들의 웃음소리가 물결처럼 번지고,
풀잎 사이로 계절의 추억이 스친다

한 바퀴 돌아나올 즈음이면
입보다 먼저, 마음이 배불러진다

이 작은 버스는
도시의 길과 길을 잇는 다리,
사람과 사람,
그리고 마음과 마음을 이어주는 선이다

오늘도 조용히 골목을 도는 버스는
우리의 일상 속으로
그렇게 스며든다

누가 있어도 없는 마음

외로움은
사람들 사이에 있을 때
더 깊어진다

말이 오가고
웃음이 터져도
나는 어딘가,
바깥에 서 있는 느낌이다

누군가 내 이름을 불러줘도
그 울림이
마음까지 닿지 않는 날이 있다

그럴 땐
숨쉬는 것조차 조용하고
창밖의 나뭇잎 흔들림조차
내 마음 같아 보인다

외로움은
크게 울지 않는다
작고 단단하게 가라앉는다
그래서 더 오래,
더 깊게 남는다

가끔은
누군가 나를 꼭 안아주면
눈물보다 먼저
침묵이 터져나올 것만 같다

초록이 말을 거는 길

도시의 소음 너머
작은 초록이 말을 건다
천천히 걷다 보면
마음이 먼저 숨을 고른다

초록이 흐르는 길,
그 이름처럼
시간도 나무들 사이를 따라
흐른다

낡은 철길 위로
꽃잎이 쌓이고
햇살은 나뭇잎 사이로
내 어깨에 내려앉는다

누군가는 산책 중이고
누군가는 말 없는 기억을 데리고 걷는다

한 걸음, 또 한 걸음
바쁜 마음도 내려놓고
이 길 위에서 나는
나를 닮아간다

이 길은
도심 한가운데 숨겨진
작은 쉼표다

친구라는 말의 온도

멀리 있어도
가까이 있는 마음이 있다

소식이 뜸해도
떠올리면
마음이 따뜻해지는 이름이 있다

바람 부는 날엔
같이 걷던 길이 생각나고,
햇살 좋은 오후엔
같이 웃던 얼굴이 떠오른다

친구란
기억 속에만 머무는 사람이 아니라
지금도 마음 어딘가
조용히 살아 있는 온기다

많은 이름들이 나를 스쳐 갔지만
끝내 남은 것은
슬픔 속에서 함께 웃어 준 사람,
기쁨보다 내 눈물을 먼저 알아본 사람

그런 너를 떠올리면
괜히 괜찮아지는 날이 있다

친구,
그 말 속엔
계절보다 오래 남는
따뜻함이 숨어 있다

당신을 기억합니다

조용히 머문다
한 송이 국화처럼
바람 속에서도 꺾이지 않는 마음이

돌아오지 못한 이름들이
계절마다 되살아나
묵묵히, 우리 곁에 선다

누군가의 오늘이 되기 위해
누군가는 내일을 건넸고
그 시간이
지금의 하늘과 땅이 되었다

보훈은
깃발을 세우는 일이 아니라
그들을 기억하는 마음이고,
무심한 일상 속에서도
고개 숙일 줄 아는
조용한 존경이다

흙 속에서 피어난 그 뜻이
지워지지 않도록,
기억을 품는다

순댓국 한 그릇 놓고 앉으면

해가 머리 꼭대기에 앉은 오후,
순댓국집 간판이
나를 부른다

덜컥 문을 열면
더위보다 진한 냄새,
숨처럼 퍼지는
국물의 온기

말없이 앉아
청양고추 한 숟갈,
들깨 솔솔,
새우젓 조금

뽀얀 국물 위로
김이 피어오르면
지친 마음이
다시 살아난다

깍두기 하나,
밥 한 숟갈
말아먹으면,
무거웠던 하루가
녹아내린다

순댓국 한 그릇 놓고 앉으면

황금보리에 스민 어느 날

바람이 스치면
들판이 먼저 설렌다
햇살을 품은 황금보리 이삭이
추억에 스며든다

보릿고개,
입술이 까맣도록
불에 구워 먹던 보리 서리

모든 시간을 품고 있는
황금보리가 눈부신건
빛 때문만은 아니다

흔들릴수록 아름다운 것은
그 안에 추억이 담겨 있기 때문이다

나는 오늘
이 바람 속에서
그 시절의 숨결을 안는다
황금보리가
내 마음을 다독인다

하늘길

오후의 어느 길목
햇살이 바닥에 물들면
길은 조용히 하늘이 된다

하늘길—
그 위를
바람처럼 걷는다

작은 서점 앞,
묵은 책 냄새에
시간마저 잠시 쉬어 가고,

그림엽서 같은 카페 창 너머로
낯선 하루가 스며든다

마주 오는 이들의 눈빛엔
말 없는 인사가 담기고

바람이 스치는 나무 아래서
작은 바람이
간절함을 흔든다

이 길은
그저 걷는 길이 아니라
그리움을 풀어 내고
마음을 다독이는 곳

이곳에선
삶도, 하루도
부드러워진다

하늘이 내려와
내 어깨를 스치던
어느 오후처럼……

망원시장 골목에서

햇살이 골목을 어루만지는 오후,
시장 골목은
천천히 하루를 데우고 있다

어머니 손에 매달린 아이의 깔깔거림,
바삭한 튀김소리,
피어오르는 전의 향기

익숙한 듯 낯선 얼굴들도
모퉁이마다 정이 되어 깃든다

"맛 좀 보고 가요"
말보다 먼저 건네는
따뜻한 눈빛

손끝으로 전해지는 온기,
사이사이 배어 있는 웃음,
모든 것이
하루를 살아낸 이들에게 건네는
오래된 인사다

이 골목 끝, 작고 따뜻한 풍경엔
소박한 기쁨과
지나간 계절들이 스며 있다

마포나루에서

바람 따라 걷다 멈추면
한강 물결 속,
도심의 품안에서
옛 나루터가 조용히 숨쉰다

돛단배 오가던 옛 포구,
삶의 짐을 싣고 내리던 그 자리엔
지금도 바람이
묵은 발자국을 더듬는다

황포돛 하나,
강물 위에 그늘처럼 스며들고
묵은 시간은
말없이 물가에 앉아 있다

작은 표지석 곁에 피어난 풀잎도
그 시절의 이야기를 품고,
비린내 섞인 강바람 속엔
잊히지 않는 숨결이 머문다

가끔은
뱃노래가 바람을 타고 들려오는 듯
지나간 것들이
가슴 한켠에서 조용히 일렁인다

멀어진 이름일지라도
그 물빛 속엔
지워지지 않는 정이 있다

나는 오늘
그 잔잔한 강물에
천천히 마음을 띄운다

모닥불 위에 피어난 웃음

비가 내리는 날,
해변엔
조용한 물결과 함께
가족들이 머문다

아이 손을 꼭 잡은 아빠,
돗자리 위 간식을 펼치는 엄마,
작은 텐트 사이로
웃음이 모닥불처럼 피어난다

촉촉한 모래 위를 걷다 보면
빗방울 속에서
추억이 하나둘,
아이들 웃음처럼 튀어 오른다

어둠이 내려앉을 무렵,
모닥불 앞에 둘러앉은 얼굴들
젖은 바람도
불빛 앞에선 따뜻해진다

잠깐 스치는 하루였지만,
가슴에 남는 건 오래된 온기
비도, 바람도, 모닥불도
모두 우리의 추억이 된다

저녁빛이 묻는 시장 골목

노을이 골목에 스미면
전 부치는 소리가
기름 냄새처럼 번진다

바삭한 전 한 장,
막걸리 한 잔에 웃음이 피고
노란 불빛 아래
하루가 천천히 익는다

좁은 길 따라
족발 냄새가 퍼지면,
윤기 흐르는 유리창 너머
지친 사람들의 저녁이 담긴다

말없이 마주 앉은 눈빛,
뜨거운 국물처럼
가슴속이 데워진다

이 시장 골목은
화려하진 않지만
지친 날을 덮어주는
정이 있다

잠든 별빛, 흐르는 자리에서

옛 나루였던 강가,
버들꽃이 흐드러지던 그 조용한 모퉁이에
별빛이 내려앉는다

물줄기가 만나는 곳,
두 개의 물결이 만난 곳,
외국인 선교사의 흔적도
한강의 깊은 숨결도
잠들어 조용히 이야기를 건넨다

달빛이 물결 위를 스치면
배의 그림자도, 시간의 여운도
모두 한자리에 모인다
여기엔 전쟁의 울음,
선교사의 첫 발자국이
소리 없이 스며들어 있다

바람이 노래를 띄우면
천근의 무게를 견디며
이 땅을 품은 수백 개의 기억이
별처럼 빛난다

이 강가의 어둠은
과거와 오늘을 이어주며
고요히 한숨을 쉰다

여름 저녁이 물드는 강가에서

노을이 천천히 강물에 젖고
조용한 강가엔
하루의 끝이 조용히 내려앉는다

돗자리에 누운 아이의 머리카락 사이로
바람이 다정하게 스친다
손가락 끝에 묻은
아이스크림의 달콤함이
작은 웃음으로 번진다

물가에 앉은 연인들의 눈빛엔
말 대신 온기가 흐르고
자전거가 지나간 자리마다
시간이 살짝 흔들린다

한 모금 마신 물처럼
강바람은 몸속 깊이 스며들고
달이 떠오르기도 전에
우리는 이미
오늘을 조금 잊는다

이 여름 저녁,
잠시라도
마음이 식어가는
그런 시간이다

아침이 피어나는 산길에서

이른 아침,
작은 산길 자락에
햇살 한 줄기 피어오르면
도시는 잠시
숨을 고른다

골목 끝을 지나
산길을 오르면
잔잔한 바람이
나뭇잎을 어루만지고,
이슬 맺힌 풀잎마다
작은 아침이 피어난다

아이의 웃음,
산책하는 개의 발소리,
운동 나온 어르신의 숨결까지
이 산의 품에서
포근한 하루를 시작한다

크지 않지만 깊은 이 산은
말없이 도시를 감싸고,
지친 마음이 걸음을 멈추는 곳마다
나뭇가지 사이로
햇살이 손을 내민다

조용한 이 산길은
누군가의 기억 속에서
조용히 피어나는 아침이다

숨결을 닮은 언덕에서

햇살이 나뭇잎 사이를 비집고
작은 언덕을 어루만진다
도심 속, 가장 조용한 위로가 되는 이곳

바람은
묵은 생각을 쓸어내고
계단 위로 올라오는 걸음마다
속 이야기를 들춰낸다

소란했던 하루들이
풀잎에 맺힌 이슬처럼
조용히 내려앉고
눈앞에 펼쳐진 마포의 풍경 속으로
마음도 함께 들꽃처럼 흔들린다

누군가 사랑을 고백했을 벤치
말없이 기대어 울었을 나무
이 언덕은 오래도록
사람들의 마음을 품어왔다

도시는 쉼 없이 흘러가도
이 산은
언제나 같은 자리에서
햇살을 데우고
바람을 들인다

지금, 이 언덕에 서면
세상은 조금 느려져도 좋겠다
그 이름을 말하지 않아도
따뜻한 오후처럼……

아침을 만나는 산책길

산자락에
아침이 내려앉으면
먼저 일어난 바람이
풀잎을 깨운다

하얀 운동화에 옮겨 탄 이슬,
모퉁이 돌 때마다
눈인사 건네는 작은 미소들,
잠든 도시를 지나
하루가 깨어난다

흔드는 팔,
고요히 나누는 숨결,
산책길에서
늦된 마음을 덜어낸다

정상에 닿는 순간
숨이 턱끝까지 차오르다가
가슴이 먼저
트인다

도시의 지붕 위로
햇살이 물결처럼 번지고
바람은 그 풍경을
선물처럼 펼쳐놓는다

이른 산책의 아침은
몸보다 마음이 먼저
맑아진다

침묵 위에 피는 기도

강바람도 말을 아끼는 어느 언덕,
이곳은
슬픔을 품은 채
고요히 강을 내려다본다

바람결 따라
피어오르는 묵주의 숨결,
그 자리에 머물던 이름 모를 이들의
작은 목숨이
하늘을 향해 떨리던 순간

돌계단 아래
붉게 스민 시간들이
기도처럼 차곡히 쌓이고,
침묵 위에 피어난 성모상엔
울음보다 깊은 사랑이 내려앉는다

이 언덕을 지나는 바람은
알고 있다
말없이 흘려보낸 피와 눈물,
그리고 꺾이지 않은 믿음

이곳은
잊혀진 이름이 아닌
누군가의 마음속 깊이엔
따뜻한 기도로 남아 있다

기억 위에 피는 숨결

녹슨 탱크 틈 사이로
들꽃이 피어난다
쇳빛 시간을 지나
이곳엔 바람이 머문다

기름 대신 사람의 웃음,
엔진 소리 대신
아이의 발소리가 흐른다

둥근 탱크 위로
햇살이 둥글게 내려앉고,
빈 공간을 채우는 건
낮은 목소리의 대화,
그리고 잊고 있던 숨결들

어느 벤치에선
한 노인이 천천히 눈을 감고,
다른 한켠,
젊은 연인이 조용히 책을 넘긴다

그 시간들 위로
나무는 자라고,
빛은 낮게 퍼지며
벽을 감싸 안는다

이곳은
셧소리 대신 마음이 울리는 곳
사라진 흔적 위에
조용한 예술과 기억이 피어난다

비 오는 도시

창밖엔
비가 내린다
골목마다
그리움이 젖는다

전깃줄 따라 흐르는 물방울,
낡은 간판 위에
이름 없는 추억이 맺힌다

우산을 나란히 쓴 연인들,
말없이 걷는
그 뒷모습이
참 따뜻하다

카페 유리창 너머
김 서린 풍경 사이로
고요히
하루가 스며든다

이 비는
그냥 비가 아니라
가슴속 오래된 편지

오늘, 이 도시는
말없이
마음을 적신다

비 오는 도시

나무와 마음이 걷는 길

도시 끝자락
상암교 너머로
나를 부르는 길이 있다

메타세쿼이아 나무들이
하늘을 우러르며
그 사이로 흘러내리는 햇살은
나뭇잎보다 먼저 내 마음에 닿는다

새로 깔린 데크길 위엔
조용한 바람 한 줄,
그 바람 따라
느리게, 아주 느리게
내 마음이 걷는다

벤치 하나,
그 위에 앉은 햇살처럼
오늘 잠시 세상에서 물러나 앉아 본다

이 길은
말이 없어도 괜찮고,
슬픔조차 조용히 품어주는 곳

걷다 보면
내가 나를 조금 더 안아주게 된다

나무 그림자 사이로 스며드는 미소,
지나가는 이의 발끝에서 피어나는 설렘

도시의 소음도
여기선
숨을 죽인다

이 길 위를 걸으면
나를 다시 사랑하게 된다

책이 피어나는 거리에서

토요일,
도심의 아침이
책 향기로 깨어난다

바람 따라 넘겨지는
한 장, 또 한 장의 이야기
사람들 손끝에서
종이의 숨결이 살랑인다

책마당 옆으로
누군가의 오래된 구절이
햇살에 반짝이고,
길을 걷는 마음에도
조용히 문장이 스며든다

아이들은
야외 도서관의 색연필 같은 노랫소리에
꿈을 그리고,
작은 공연무대 위
낯선 구절도
살며시 노래가 된다

커피잔 위를 맴도는
은은한 향처럼
책들이
사람들 사이를 다정히 흐른다

오늘 이 거리는
글자가 피어나고
마음이 자라는
조용한 정원 같다

도서관의 오후

문을 열면
먼저 반겨오는
종이 냄새,
햇살이 부드럽게 머무는 창가 자리

나는
작은 문장 하나에
조용히 마음을 기대어 본다

바쁜 도시에서
흘려보냈던 생각들,
소란스러운 숨결마저
여기선
살며시 가라앉는다

책장 위로
흘러가는 먼지조차
햇빛 속에서
따뜻하게 빛나고,
페이지를 넘길 때마다
내 안의 말들이
포근히 깨어난다

이 조용한 오후,
책과 햇살이 함께 머무는
이 공간의 부드러운 숨결이
내 마음에
편안한 안식을 준다

작은 손에 피는 꿈

문을 열면
아이들의 웃음소리가
책장을 넘긴다

햇살이
동화책 위에 내려앉으면
글자들은
그림처럼 살아난다

작은 손끝에
꿈이 묻어나고,
페이지마다
세상이 조금씩 넓어진다

엄마의 다정한 목소리,
조그만 숨결로 따라읽는
아빠의 낮은 음성,
그 곁에서
이야기들은
자란다

알록달록한 표지 속에
아이들의 설렘이 숨 쉬고
햇살과 함께
미래의 꽃을 피운다

바람의 안부

강 위 다리를
건너는 바람은
부드럽다

쉴 새 없이 지나가는
차들의 소음 속에서도
사람의 마음을 어루만진다

한강 위로
햇살이 부서지는 오후,
누구는 그 빛에
작은 용기를 얻고,
누구는
흐르는 물결에

조용히 눈물을 놓는다
이 다리는
수많은 마음들이
잠시 머물다 가는 곳,
슬픔도, 기쁨도
흔들림 없이 받아주는
넉넉한 품이다

해가 지면
도시의 불빛이
다리 위를 밝혀주고,
저녁 바람은
오늘도 수고했다며
조용히 등을 토닥인다

이곳은
사람의 마음을
건너가는 다리다

반려견과 함께한 작은 밤

주말이면
강가 잔디 위로
작은 텐트들이
살포시 숨을 고른다

조그만 꼬리를 흔드는 너,
낯선 풀 냄새에 코끝을 적시며
마음에 들었다는 듯
내 곁에 기대앉는다

목줄을 풀어
잔디 위를 달리는 순간,
세상에서 가장 자유로운
발자국이 되어

바람을 따라 춤춘다
장난감 하나에도
깊게 피어나는 웃음,
산책길을 나란히 걸을 때
너의 눈동자 속에
고맙다는 말이 담긴다

밤이 오면
모닥불 곁에 앉아
따뜻한 숨결을 나누며
서로의 체온을 확인한다
별빛이 내려앉는 텐트 속에서
편안히 잠든 너를 보며
나도 조용히 마음을 내려놓는다

너와 나,
같은 하늘 아래
하루를 살포시 접어두는
작은 기적 같은 밤이다

반려견과 함께한 작은 밤

바람의 마음이 머무는 곳

한강바람이
느릿하게 스며드는 자리,
이곳에는
묵은 시간이
조용히 머물러 있다

나무 그늘 사이로
햇살이 부드럽게 내려앉으면
강물도
숨을 고르는 듯
고요히 빛난다

돌계단을 오르내리는
아이들의 웃음소리,
발을 멈춘 이들의 한숨,
모든 풍경이
바람결에 실려
하루를 덮어준다

수백 년 전
이곳을 거닐던 시인들의
낡은 시 한 줄도
아직은
강물에 묻혀 살아 있는 듯하다

노을이 스며드는 저녁이면
그 물결은
말없이 마음을 닮아 흐른다

정이 피어나는 골목

도시의 오래된 숨결 같은
한 골목을 들어서면
먼저 반기는
채소의 초록빛,
과일의 달콤한 향기

지글지글 부침개 부치는 소리,
은근한 연기로 묻어나는 고등어 냄새,
안부를 묻는 상인의 목소리마다
세월의 손때가 묻어
더 다정하다

한때는
북적이던 시장으로 이름을 알렸던 이 골목은
지금도
사람들의 하루를
포근히 안아준다

장바구니를 든 할머니,
작은 손을 꼭 붙잡은 아이,
퇴근길에 삼겹살 한 근 사들고 웃는 사람,
이 길에서는
조금 더 솔직해지고
조금 더 편안해진다

저녁이 내려앉으면
낡은 전구빛이 골목을 환히 밝히고
서민의 발걸음마다
따뜻한 온기가 묻어난다

정이 피어나는 골목

이곳은
바쁜 도시의 마음이
잠시 숨을 고르는
작은 쉼표 같은 곳이다

소박한 하루를 담는 시장

골목 끝 작은 시장에 들어서면
월드컵시장에 들어서면
먼저 반기는
갓 부친 전의 고소함,
국밥집에서 피어나는
따뜻한 김의 숨결

조용히 오가는 발걸음,
낯익은 상인의 인사,
흥정하지 않아도
서로를 믿는 마음이
소담하게 쌓인다

부쩍 자란 아이 손을 잡고
맛있는 반찬을 고르는 엄마,
퇴근길 뜨끈한 어묵국물로
조용히 위로받는 아빠,
그 작은 풍경들이
골목에 볕처럼 스며든다

밤이 내리면
가게마다 켜진 불빛이
한 사람의 하루를
다정히 비춰주고,
시장 한켠의 의자에도
소소한 이야기들이
숨을 고른다

이 작은 시장은 ―
누구나
조금 더 편안해지고
조금 더 다정해질 수 있는
따뜻한 골목이다

새벽의 품

새벽 공기가
살짝 서늘한 시간,
이른 아침의 시장은
따뜻한 손길로
조용히 하루를 깨운다

박스마다 담긴 채소의 싱그러움,
수레 위 해산물의 은빛,
흙 묻은 무 한 단에도
살아 있는 계절의 숨결이
포근히 묻어난다

도매상들이 나누는 인사,
소매손님을 맞이하는 상인의 눈빛,
큰 말보다
짧은 미소가
더 많은 마음을 전한다

서로의 삶을 살펴주는 듯한
온기 어린 손길들,
계산대 위에 놓인 동전에도
작은 믿음이 묻어난다

해가 올라
시장의 숨결이 조금 느려질 무렵,
한켠에 앉아 쉬어가는 상인의 뒷모습에도
포근한 하루의 이야기가
차곡차곡 쌓인다

이곳은 —
바쁜 도시의 새벽에
따뜻함을 품어주는
오래된 마음의 자리다

비에 잠긴 운동장

장마비가
후두둑 내린다
쉼 없이,
도시의 깊은 숨을 적신다

운동장엔
물이 차오르고,
파크골프장과 놀이터,
사람들의 웃음이 머물던 공간들까지
하나둘 물속에 잠긴다

요란한 펌프 소리만이
잠든 밤을 흔들고,
불빛을 잃은 운동장 위

물결은 낮은 숨결처럼 출렁인다
비옷을 입은 이들의 발걸음,
젖은 땅을 밟으며
분주히 밤을 지켜낸다

비는 여전히 내리고
세상은 젖은 채 멈춰 있지만
이 어둠 속을 묵묵히 걷는 그들의 마음이
이 도시의 밤을 붙잡고 있다

비에 잠긴 운동장

강물 위에 시간을 멈춘 배

한강의 흐름 곁에
오래된 군함 하나,
그 배는
시간을 앉혀 두고 있다

돛도 포성도 멈춘 자리,
철선 하나하나에 스며든 이야기들이
물결처럼 가슴을 두드린다

아이의 손을 잡은 아빠,
햇살에 반짝이는 강물에
조용히 추억을 띄우고,
연인들은 갑판 위 그림자에
작은 약속을 새긴다

군복은 벗었지만
여전히 곧은 그 선체는
하루를 살아가는
묵직한 위로가 되어준다

저녁이면,
붉게 물든 노을이
갑판을 천천히 덮어주고,
한강 바람은
그 모든 이야기를 안고
다정히 흘러간다

그 배는-
멈춘 듯 머물러 있지만
우리 마음 어딘가에서
조용히 항해를 이어가는 중이다

마음을 걷는 길

메타세쿼이아 나무들이
조용히 하늘을 올려다보는 그 길
그 사이로
꽃무릇이 불처럼 피어나고,
상사화는 먼 그리움처럼
바람결에 젖는다

나무 아래 작은 시 구절들이
햇살에 반짝이면,
지나가는 마음마다
잠시 멈춰
조용히 시를 읽는다

보랏빛 맥문동의 물결,
그 속을 걷는 우리는
마치 누군가의 오래된 시 속
주인공이 된 듯

벤치에 앉아
문장 하나, 바람 하나에
묵은 기억이 피어나고,
어느덧 말없이
내 안의 시 한 편이 써진다

이 길은
걷는 것이 아니라
느끼는 것
꽃과 시와 바람이
같은 속도로 흐르는 곳

이 길은
지친 마음을
조용히 놓아둘 수 있는
따뜻한 시의 품이다

기억이 머무는 경기장

붉은 물결이
온 세상을 뒤덮던 날이 있었다
함성과 눈물,
깃발과 심장은
이곳, 마포의 큰 경기장 안에
뜨겁게 살아 있었다

계단을 타고 올라가며
떨리던 가슴,
낯선 나라 이름을
처음 외치던 순간들

그 후로
수많은 밤,
콘서트의 기타 소리와
청춘의 목소리가
잔디 위에 번져 갔다

함성은 줄었지만
이 경기장의 숨결은
여전히 누군가의 추억을
천천히 끌어안는다

텅 빈 관중석에
햇살이 내려앉고,
바람은 관중석을 타고
조용히 그날의 열기를
되뇌인다

이곳은 시간이 지나도
가슴이 먼저 반응하는 장소,
기억이 머무는 곳이다

반려와 함께 걷는 도시

햇살 좋은 날이면
누구보다 먼저
반가운 발자국 소리가 들리고
작은 생명에게 가장 먼저 손 내미는 도시, 마포

이 도시는
반려동물을 위한 따뜻한 세상이다
누구나 함께 걷기 좋은 곳,
서로의 온기가 스며드는 공간이다

잔디 위를 달리는 작은 발,
그 뒤를 따르는 웃음소리
강변의 캠핑장 어딘가엔
하늘도, 바람도
반가운 꼬리 흔듦에 미소 짓는다

노을 물든 산책길,
조용히 걷는 그림자 둘
함께라는 것만으로
충분한 오후가 흐른다

작별을 준비하는 공간 어딘가엔
이별도 따뜻할 수 있다고
도시는 말없이 보여준다

남겨진 마음까지 품어주는 도시,
이곳은
반려와 이별, 모든 순간에
조용히 곁이 되어주는
따뜻한 이름이 된다

소나무 길에서

도시의 큰길을 걷노라면
소나무가 한 줄기로
바람과 함께 서 있다
도심의 분주함 속,
그늘 하나가
숨 고를 여유가 돼 준다

흩날리는 솔잎 향은
천천히 마음 안에 스며들고,
가로수 아래 놓인 벤치에
낯선 이도
잠시 걸음을 멈춘다

소나무 아래엔 작은 정원이 있어
봄이면 피어오르고
여름엔 초록빛을 짙게 하고,
가을엔 솔숲과 꽃이
노을처럼 번지며 하루를 물들인다

이 길 위에선
도시의 소음조차
살며시 숨을 죽이고,
사람들의
잔잔한 일상이
소나무 그늘 아래
조용히 스며든다

이 길 위에서
나는 솔향 마음으로 걷는다

불향이 피어나는 골목

저녁이면
도심의 좁은 골목
은은한 불빛이
피어오른다

가게마다
갈매기살이 익어가고
불판 위로 번지는
고단한 하루 이야기

삼삼오오 모인 사람들,
젓가락 너머 건네는 웃음,
소주잔 사이로 흐르는 위로

지나가는 바람이
불향을 묻히고
작은 테이블 위
이야기가 익는다

철판 위
불처럼 튀던 마음도
부드러워지고

온기 속
이 골목은
서로 지친 마음을 다독인다

두근두근 폭우

갑작스레 쏟아진 폭우에
도시의 심장이
멈칫한다

창밖은 흐려지고,
빗물은 인도를 삼키고,
가슴속
조마조마한 숨이 고인다

"물이 넘치진 않을까…"
"저 물길은 잘 견디고 있을까…"
누구도 말하지 않지만
모두 같은 마음으로
창문을, 뉴스를 바라본다

신호등은 젖은 얼굴로 깜빡이고
불빛은 물 위에서
조심스레 흔들린다

그저 무사하길 바란다
아이의 등굣길이,
엄마의 장바구니가,
누군가의 하루가
젖지 않기를

빗소리에 묻혀 버린
작은 기도가 있다
거센 폭우에
마음이 젖어 들어간다

소금길

소금장수가 짊어졌던
바다의 무게가
아직 벽돌담에 눌러 있다

오래된 날숨처럼
붉은 담장이 삐걱거리며
누군가의 안부를 묻는다

꽃은 피지 않았다
그려졌다
지워지지 않으려고

그 골목은
이제
작은 등이 켜져 있다

노란 전봇대에 기대어
누군가는 기다리고
누군가는 잊는다

커피 향이
그리움보다 먼저 퍼지고
빵 부스러기 따라
아이들이 웃는다

걸어본 자만이 아는
느린 위로의 속도
그 길 끝엔
말없이 당신을 기다리는
하루가 있다

기와 아래의 시간

와우산 올라가는 길목
작은 기와지붕이 낮게 펼쳐진다

아파트 틈 사이로
호흡하는 곳
조선의 곡식과 세월이 드나들던 자리
그 옆, 공민왕의 흔적이 머물고
그 숨결이 닿아 있는 한옥 한 채

지붕 아래
예절과 글씨, 조용한 스승의 자리가 있다
나무 문을 열면
한자 한 글자, 절 한 번마다
시간이 바로 선다

전통 기물들이
기억처럼 놓여 있고
아이들이 붓을 쥐고
낯선 마음으로 절을 배운다

시간이 조용히 다시 피어나는 곳,
옛것이 오늘을 품고 있다

잠들지 않는 발걸음

비는 말이 없다
그저 내릴 뿐이다
기왓장 위를 스치고
낡은 담장을 적신다

도심의 골목마다
구름이 눕고
땅은,
조용히 무너진다

누가 들었을까
땅속의
작은 몸부림

싱크홀이라 부르는
그 슬픈 입에
도로는 조용히 흔들린다

누군가는 우산도 없이
현장에 선다
물에 젖은 벽을 짚고
넘어진 길을 일으킨다

비는 계속된다
사람은 더 먼저
길 위에 선다

잠들지 않는 발걸음이
이 도시의 저녁을 지킨다

불빛에 구워내는 마음

저녁이면
연기가 먼저 골목을 휘감는다
숯불 위, 지글지글
갈비 굽는 소리가
하루를 다독인다

땀 흘린 사람들이
노릇하게 익은 갈비 앞에서
말보다 웃음이 먼저 흐르고
된장찌개와 동치미가
속내를 먼저 푼다

어릴 적
아버지와 손잡고 왔던 그 집도
아직 그 자리에 있다
세월은 흘렀지만
간장에 밴 단맛은 변하지 않았다

빨간 입술, 검은 불빛
누군가는 회식으로,
누군가는 외로움 달래러
같은 불 앞에 모여
고기 한 점에 마음을 구워낸다

연기 자욱한 골목 끝
구수한 불향으로
조용히 하루를 감싼다

동행

마포의 골목엔
보이지 않는 사람들이 있다

노인의 약봉지를 챙기고
어르신의 응급벨을 달아드리고
혼자 사는 이의 창문을 매만진다

낯선 문을 두드릴 땐
공무원도, 봉사자도 아닌
그냥 "이웃"으로 서 있다

말 없이, 이름 없이
하루의 빈틈을 채우는 사람들
조용한 연결이

서류보다 먼저 사람을 안아준다

허울 좋은 정책이 아니라
작고 느린 발걸음으로
사람을 안아주는 방식

복지는
서류가 아닌 손끝이고
시설이 아닌 마음이며
누구의 삶도 놓치지 않겠다는 다짐이다

이름 없는 마음,
그 따뜻한 손길이 있어
오늘도
보이지 않는 사랑이 자라고 있다

와우산

홍대 끝자락
조용히 등을 편
초록 언덕, 와우산

소처럼 너그러이 누운 이름
바람이 다녀간 길에
풀잎이 고개를 흔든다

약수터의 물소리
낙엽 위의 게이트볼
잠시 멈추고 싶은 순간이다

언덕 위에 서면
마포의 하루가 내려다보이고
골목의 그림자가
느리게 걷는다

숨이 고요해지는
짧은 틈

와우산은
도시의 심장에 놓인 쉼표다

토끼굴

물이 흐르던 길에
사람의 걸음이
머물다 간다

낮은 아치 아래
기찻길 그림자 드리우면
지나간 물소리가
벽돌 틈에 숨 쉬듯 남아 있고

토끼굴이라는
소박한 이름 속에
시간을 건너는
작은 다리가 있다

기억과 기억이 스치고
지나간 이야기들이
천천히 되돌아오는 길

한때는 물이었고
지금은 사람이 흐르는 길

토끼굴,
기억이 천천히
머물다 가는 곳이다

통통통 아이들의 웃음

햇살이 물 위에서 웃고
아이들의 발끝에
여름이 먼저 도착한다

초록 언덕 위
물총이
터지는 웃음이
슬라이드 위로
파도처럼 일고

에어풀 속
작은 발자국이
물방울과 함께 춤추고
푸드트럭 위로

달콤한 구름이 피어난다
통통통! 아이들의 웃음이
소리 없는 주문처럼
뜨거운 공기를 걷어내고
햇살의 절정 속에서
마음을 시원하게 적셔준다

작은 손엔
물병보다 찬
얼음 언저리의 얼룩이 묻고
어른의 가슴엔
해맑은 불빛 하나 달린다

이 여름날 언덕 위엔
아이들의 웃음소리로
계절이 가득 채워진다

엄마의 자리

바람보다 먼저 지치는 사람
웃음 뒤에 숨은 사람
그 이름, 엄마

도시의 틈엔
그 이름으로 잠시 쉬어가는
여섯 개의 공간이 있다

어느 조용한 골목,
햇살 닿는 창가,
따뜻한 주방과
작은 책상,
근린공원의 벤치 하나

모두 엄마를 기다리는 자리

작은 컵에 담긴 커피처럼
마음이 식지 않도록
말없이 안아주는 공간

"괜찮아, 천천히 와도 돼"
속삭이는 듯한 조명 아래
엄마는 비로소
자신을 불러본다

따뜻함이 먼저고
한 사람의 삶을 찾는 곳

오늘도
누군가는 그 자리에 앉아
작은 한숨을 내려놓고
조용한 미소를 데려간다

엄빠랑 물놀이, 여름이 웃는다

마포의 여름은
물총 한 방에 시작된다!

"하나, 둘, 셋!"
푸슉—
아이는 물을 쏘고
엄마는 웃음을 맞는다
아빠는 젖은 발로 도망가고
웃음이 따라간다

마포의 광장부터 골목놀이터, 숲길을 지나
아이들의 물길은 도시 곳곳을 잇는다

슬라이드에선 파도가 미끄러지고
에어풀에선 별이 튀어오른다
눈부신 오후,
물방울이 반짝이는 순간
가장 맑은 아이의 이름이 불린다

엄빠는
햇살보다 환한 아이를 보며
잠깐, 여름을 안는다
그늘막 아래,
젖은 수건이 미소를 닦아주고
푸드트럭 냄새마저
오늘은 반갑다

"퉁퉁퉁, 물퉁퉁!"
마법 같은 소리에
더위는 잠시 숨을 고르고
마포의 여름은
함께여서 더 시원하다

엄빠랑 물놀이, 여름이 웃는다

바람 속에 남은 토정 이지함

마포 땅 언저리,
허기진 하루를 끌고 오던
한 사람의 발자국
이름보다 쌀 한 됫박이
먼저 도착하고

고관도 아니고
재물도 없었지만
사람에게 귀 기울일 줄 알았고
무릎을 낮출 줄 알았다

천막 같은 하늘 아래
"사는 것"의 무게를
함께 해주던 이지함

가난한 이에겐
끼니를 나누고
억울한 이에겐
웃음을 남겼던 사람

당시 세상은 그를
이단이라 불렀지만
마포의 바람은
'이웃'이라 불렀다

토정로를 걷다 보면
담벼락에 부딪힌 바람 끝에서
그의 숨결이
등을 토닥인다

살아가는 데 필요한 것은
지식보다 온기
그리고, 사람이었다

햇살이 튀어나오는 38도

해가 머리 위에서
달궈놓은 도시,
오늘 서울의 온도는
서른여덟 번 숨이 찼다

아이들은
물살에 몸을 맡기고
비명보다 먼저
웃음을 터뜨린다

작은 손에 쥔 물총이
하늘을 겨누고
슬라이드 끝에서
여름이 튀어오른다

엄마는
그늘 아래 작은 부채를 쥐고
아빠는
등 젖은 셔츠를 식히며
아이의 이름을 부른다

햇살은 쏟아지지만
마음은 느긋하다
한 컵의 얼음물보다
이 순간이 더 시원하다

아이의 웃음에
여름은 견딜 만한 계절이 된다

삶

삶은
말없이 흐르는 강물처럼
우리 곁을 스쳐간다

어릴 적 우리는
두 손 가득 꿈을 쥐고
세상이 다 품안에 있을 줄만 알았다

살아보면 삶은
빛과 그늘이 뒤엉킨……
가끔은 등을 보이고
가끔은 품을 내어준다

눈물은 속으로 마시고
웃음은 바람에 실어 보내며
그렇게
하루를 건너고 또 건넌다

넘어져도 울지 않던 날들
꺾인 무릎보다
다시 일어서려는 마음이
우릴 더 단단하게 만들었다

삶은 견디는 게 아니라
끝까지 살아내는 것이다

햇살이 모진 날엔
나무 그늘조차
지친 마음을 덮어주고

저녁 하늘의 붉은 노을은
또 하루를 살아갈 이유를
말해준다

삶은
아무도 모르게
우리를 사랑해온 건지도 모른다

가장 아팠던 날이
가장 깊은 사랑을 만들듯
말 없는 시간
조금 느려도,
잠시 멈춰도 괜찮다

삶은 언제나
말 없이 기다려주니까

망원동 골목에서

햇살이 골목 담벼락에 기대면
하루가 조용히 열린다

아침 첫 커피향이
자전거 바퀴 소리와 섞이고
아이들 웃음이 들려온다

작은 가게의 셔터가 올라가고
꽃집 앞 화분엔
이름 모를 들꽃이 고개를 든다

서로를 향한 짧은 인사,
눈짓으로 전하는 안부,
작은 웃음이
골목을 천천히 물들인다

오래된 골목은
계절마다 색을 바꾸며
단단하게
사람과 삶을 엮어간다

망원동 골목에서

맥문동이 피는 골목

오늘, 골목마다
작은 손길이 흙을 열고
보랏빛 씨앗을 품는다

맥문동 한 포기 심을 때마다
메마른 길 위에
희망이 뿌리내린다

바람은 조용히 응원하고
햇살은 살며시 어깨를 덮는다

계절이 바뀌어도
보랏빛은 지지 않는다
마치 이 골목을 지켜내는
작은 약속처럼

오늘 심은 맥문동이
내일은 길이 되고
그 길 위에서
사람과 마음이 만난다

거리의 골목은
이제 보랏빛으로
숨 쉬고 있다

어르신의 생신

작은 골목 식당 하나
한 그릇의 미역국이
세상에서 가장 따뜻한 바다가 된다

주름진 손을 꼭 잡아주는 순간,
오래 묵은 외로움이
살며시 풀린다

케이크 위 작은 불빛,
그건 촛불이 아니라
서로의 마음을 비추는 등불이다

"생일 축하합니다"
낯익은 목소리와 낯선 목소리가
섞여 흐르는 그 순간,

어르신의 눈가엔
조용히 별빛이 내려앉는다

누군가 기억해주었다는 사실,
그 마음 하나만으로도
오늘 하루는
젊은 날의 봄처럼 환하다

도시의 골목마다
작은 온기가 번져간다
단지 나이를 세는 날이 아니라,
함께 살아 있음을
다시 한번 안아보는 날이다

누군가의 마음속에서
오래도록 지워지지 않을
따뜻한 기억이 된다

작은 잔 속의 꿈

어느 지하 공간
벽도 문도 없는 열린 자리
작은 카페 하나가
세상과 나란히 숨 쉬고 있다

다섯 명의 장애인 공동대표,
조금은 다른 속도로 걸어왔지만
이곳에서 함께 커피를 내리며
새로운 꿈을 빚어간다

작은 잔 속에
흔들림 없이 쌓인 시간과
내일을 향한 마음이
따뜻하게 스며든다

여긴 단순한 카페가 아니다
서로 배우고,
경험을 쌓으며,
언젠가 자기만의 가게를
열어갈 수 있도록 준비하는
희망의 첫 걸음이다

"어서 오세요"보다
"함께여서 고맙습니다"
이 말이 먼저 흐르는 곳
커피는 음료가 아니라
사람과 사람을 잇는 다리가 된다

작은 공간에서
누군가는 오늘도 성장하고,
누군가는 웃고,
누군가는 꿈을 꾼다

커피 향보다 더 깊은,
장애를 잊은 사람의 가능성이 피어나는 집이다

강가의 여름, 댕댕이의 하루

강바람이 불어오면
댕댕이들의 발자국이
물 위에서 춤을 춘다

첨벙!
젖은 꼬리가 반짝이며
하늘까지 웃음을 튀기고,
주인의 손끝엔
따뜻한 햇살 같은 미소가 번진다

목줄도 걱정도 잠시 풀리고
물결 속에서
자유만이 짖는다

작은 파도마다
행복이 뛰어오르고,
강가의 여름은
발자국과 웃음으로 가득 찬다

사랑이 뛰고,
마음이 젖어드는
행복 놀이터다

코스모스

강가에
작은 씨앗이 내려앉는다

손끝에서 흘러내린 희망이
흙 속에 조용히 숨 쉬고,
바람은 살며시 그 위를 덮어준다

아직은 꽃이 아니다
그러나 이 길 위엔
곧 코스모스의 바다가 열릴 거라는
약속이 심어졌다

햇살은 다정히 말하고,
하늘은 기다림을 배운다

머지않아
이곳은 분홍빛 파도처럼 출렁이며
사람들의 발걸음을 멈추게 할 것이다

씨앗을 뿌리는 날,
가을은
씨앗 위에 피어 날
미래의 계절이다

황톳길을 걷는 마음

발끝에 닿는 흙,
햇살에 데워진 포근함이
마음까지 스며든다

도심의 소음은 멀어지고
바람은 황톳길 따라
위로를 건넨다

아이의 웃음이 뛰어가고,
어르신의 느린 발걸음은
길 위에서
걱정 하나씩 내려놓는다

갓 태어난 길이지만
걷는 이의 숨결을 품으며
조용히 마음을 감싼다

발자국마다 피어나는
흙냄새가 아닌
잊고 있던 마음의 향기

어느 공원의 황톳길,
잠시 멈춰 서서
다시 살아갈 힘을 얻는다

오후의 눈꺼풀

쌓여가는 일들,
커피 향마저 힘을 잃을 때
눈꺼풀은
천천히 세상의 문을 닫는다

종일 쌓인 피로가
낮게 드리운 그림자처럼
시야를 감싸고,
잠깐의 어둠 속에서
쉼을 청한다

그러나
작은 깜빡임 끝에
다시 빛을 들어 올리며
남은 하루를 찾는다

오후의 눈꺼풀,
지친 마음을 감싸 안은
고요한 투지의 무게……

수국의 향기

수국의 청초한 향기가
강바람에 흔들린다
어느 거리 하얀 꽃잎이
누군가의 그리움처럼 피었다

뜨거운 뙤약볕 아래
부끄러운 듯 고개 숙인 꽃송이,
말없이 전하는 마음 하나
햇살에도 숨기지 못한다

그늘을 찾아 피어난 게 아니라
그저 그 자리에 있어준 것뿐인데,
나는 왜 그 모습에
자꾸만 눈길이 머무는 걸까

잊었다 여긴 너의 숨결,
꽃잎 사이로 다시 피어나고
가만히 서 있는 바람조차
그리움에 젖어든다

수국은 아무 말도 하지 않지만
향기로 오래된 마음을 건드린다
고요한 숨결 하나로
지나간 사랑을 다시 피운다

도심 속의 폭포

도심 한가운데,
물길이 내려앉는다
맑은 물소리는
바람보다 먼저 마음을 두드리고,
빛에 젖은 물방울은
햇살 속에서 조용히 춤춘다

시멘트와 차소리로 가득한 하루가
이곳에 오면 잠시 멈춘다
폭포의 숨결이
피로를 부드럽게 씻어내고,
굳은 마음마저 풀어준다

아이들의 웃음이 물안개에 섞이고,
연인들의 속삭임이
물결 위를 건너간다
이 순간, 세상은
오직 시원한 물소리와
부드러운 바람뿐이다

도심 속의 폭포,
아래에 서면
자연이 품어주는
작은 쉼표 하나가 된다

의자

하루의 무게가
살며시 어깨를 타고 흘러내릴 때
의자의 품 안에
나를 맡긴다

등받이가 등을 어루만지면
지친 마음과 다리 위로
포근한 쉼이 내려앉는다

나무와 천,
차가운 쇠로 빚어진 몸이지만
머물러도 좋은 안식의 시간……

의자의 품 안에서
시간은 조용히 숨을 죽이고
마음은 부드러운 구름솜에 눕는다

온기의 품에서
나는 내일을 향해
첫 걸음을 준비한다

방콕휴가

알람이 울리지 않는 아침,
이불이 나를 꽉 안고
놓아주지 않는다

커피는
오늘의 시간이
늘어난 것처럼 향을 흘리고,
창밖 구름은
내 기분을 닮아
둥글둥글 게으름핀다

바다 대신 베란다,
여행 대신 냉장고 탐험,
그래도 웃음이 먼저 찾아온다

휴가는 꼭 멀리 가지 않아도 된다
마음이 팔베개를 하고 누우면
그게 바로,
가장 호사스러운 여행이다

여름날의 보리밥

햇살에 살짝 그을린
보리 알맹이들이
그릇 속에서 춤을 춘다

"우린 밀보다 튼튼하고,
쌀보다 오래 씹혀!"
자신감이 콩나물 위로
통통 튀어 오른다

참기름 한 바퀴,
고추장 한 숟갈이 내려앉으면
순간, 밥상 위는
한여름 들판이 된다

푸릇한 오이와
싱그러운 열무김치가
시원한 바람처럼 스며들고,
숟가락은 그 맛에
멈출 줄을 모른다

한 그릇 다 비우고 나면
땀은 식고,
마음은 묘하게 든든해진다
여름날의 보리밥은
기분 좋은
작은 파티다

할미꽃

주름진 손에 쥔
지팡이 같은 그대,
어둑한 산등성이에 서 있었다

찬바람 맞으며
홀로 피어난 그리움,
고개 숙인
가녀린 보라빛

마주 보지 못해
눈물을 훔치고,
끝내 이름조차 부르지 못했던
나의 어머니

어린 시절,
고운 꽃잎 한번
어루만지지 못한 채
싸늘한 바람만 불어오는
언덕에 두고 왔다

이제야 찾아간 어머니의 품
주름진 보라빛이
그리움 조각 되어
그 꽃을
가슴 깊이 묻는다

할미꽃

폭우

검은 구름이 골목마다
슬픔을 쏟아붓는다
창문은 닫혀도,
빗물은 틈새마다 스며든다

문턱을 넘은 물결이
방안의 기억들을 떠다니게 하고,
젖은 사진 속 웃음은
서서히 번져 사라진다

무너진 담벼락 곁에서
손끝이 떨리고,
골목 끝까지 밀려든 물결이
삶의 자리마다 낯선 강을 만든다

사람들은 서로를 부르지만
목소리는 빗소리에 묻히고,
발길은 깊은 흙탕 속에서
제자리만 맴돈다

폭우는 하루를 지우지만
남겨진 눈물의 무게만큼은
아무리 흘려도
덜어내지 못한다

어매(1)

세월이 흘러
당신 나이가 되어
알았습니다
어린 날 몰랐던
어매의 따스함,
이제는 잡을 수 없어
가슴만 저며 웁니다

거울 속 내 얼굴에
어매 모습 어리고,
하얗게 물든 머리칼에
세월이 스며듭니다

어매 미소 뒤에
얼마나 많은 눈물이
숨어 있었는지,
그 눈물이 나의 길이 되었음을……

아버지

아버지,
그리운 이름 석 자
무뚝뚝한 얼굴에 숨겨둔
따뜻한 마음을 이제야 알 것 같습니다

철없던 시절,
당신의 깊은 주름 헤아리지 못하고
괜한 반항으로 상처만 남겼습니다

서툰 미안함은 늘 마음속에만 머물다
결국 전하지 못한 채 후회가 되었습니다

아버지,
당신의 넓은 품이 그립습니다
당신이 그토록 사랑했던
노을 진 저녁, 불어오는 바람 속에서
당신을 닮은 그리움을 느낍니다

사랑하는 나의 아버지,
당신의 그늘 아래
자랐던 어린 날의 내가
이토록 당신을 닮아 살아가고 있습니다
미안하고, 그리고 사랑합니다

요양병원

창 너머 하늘은 맑고
복도엔 발소리도 없이 조용하다
나는 당신을 이곳에 남겨두고
천천히 문을 닫는다

말없이 병실의 침대에 누워
나를 보며 눈물만 흘리셨던 당신
그 모습이 오래도록 잊히지 않는다

"자주 올게요"
입가에 맴도는 말
너무 작아 삼켜버렸다
말보다 무거운 건
미안함이었다

내가 고개 숙일 때
당신은 오히려 웃으셨다
괜찮다, 괜찮다
입가의 주름이 더 아프게 번졌다

이불 끝을 만지던 손끝이
조금씩 느려지고
말수가 줄고
눈빛이 멀어질 때

나는 한 걸음 뒤에서
당신을 바라본다
이별은 그렇게
조용히 다가오니까

그리워도
허물없이 안아드릴 수 없는 나이
외로워도
아무렇지 않은 척해야 하는 당신

다시 문을 열고 돌아보면
당신은 아직, 그 자리에
고요히 앉아 있는 것 같다
기다리는 사람처럼
아니,
기다림 자체가 된 사람처럼……

어매(2)

나는 어머니를
'어매'라 불렀다
그 이름엔
숨겨진 눈물과
지워지지 않는 손등의 주름이 있었다

어매는
참는 법만 아시던 분이었다
웃음 대신
침묵으로 살았고
말 대신
묵묵히 하루를 짊어지셨다

나는 몰랐다
어매가
내 그림자를
대신 품고 있었다는 걸
난 너무 늦게 알았다

그러다
어매가 누운 날
작은 방 한구석
말없이 누운 어매가
나를 보며 웃었다

"우리 강수가 왔구나…"
그 한마디에
나는 울음이 터졌고
어매는 눈으로만
나를 안아주셨다

"어매, 많이 아파?"
내 목소리보다 먼저
내 눈물이 떨렸다

"강수야, 나가서 놀아…"
그 말은
세상에서 제일 슬픈 작별 인사였다

나는 어매를
꼭 껴안았고
그 품 안에서
세상이 천천히 멀어졌다

이제
어디에 있어도
나는 어매의 아들
그 이름으로 살아간다

등불 하나

오늘 우리는
말없이 고개를 숙였습니다
꺼진 불은 사라졌지만
마음의 불씨는 꺼지지 않았습니다

누군가는
돌아오지 못했고
누군가는
몸보다 마음에 깊은 상처를 남겼습니다

지금 이 순간
그 자리에 없더라도
우리는 함께 슬퍼하고
가만히 곁에 머물고 있습니다

차가운 밤,
그분들의 이름을 부르며
우리는 모두
작은 등불 하나씩
가슴에 켭니다

그 빛이
누군가의 창가를 비추고
남은 이들의 마음을
조금이라도 덜 외롭도록

오늘 우리는
서로를 더 조심히 바라 본다
더 천천히……

뭉게구름

햇살은 아직 여름이지만
하늘은
조금 가을 닮은 빛을 가졌다

바람은
한 톤 낮은 숨결로 불어왔고
구름은 말갛게 부풀어 올랐다

뭉게구름 하나
하늘 위로 툭 떠 있는 걸 보며
괜히 마음이 말랑해졌다

덥지만
참 예쁜 하루였다
괜찮다는 말이
속에서 조용히 번져갔다

가만히 하늘을 올려다보다
문득, 어린 날이 떠올랐다
엄마 손 꼭 잡고 걷던
동네 골목의 오후가 생각났다

삶이 조금은 고단해도
하늘은 늘 이런 날을 준다
괜찮다고, 다 괜찮다고……

풀벌레가 웃는 오후

해는 머리 위에서
조금 비켜 앉고,
구름은 뭉게뭉게 웃으며
하늘을 한 바퀴 돌고 있었다

그늘 아래 앉은 풀잎 위로
풀벌레 한 마리
윙, 소리를 내며 앉았다

그 작은 떨림이
세상에서 제일 밝은 인사 같아
나도 모르게 웃었다

바람이 코끝을 간지르면
나뭇잎들도 따라 웃고
햇살은 내 어깨에 기대어
잠시 쉬어간다

평온한 순간이
내 하루를
따뜻하게 감싸 안았다

사람 사이의 자리

햇살이 골목까지 내려오면
나는 마음을 여는 자리로 간다

말은 조용히 흐르고
고운 사연도, 억울한 울음도
가만히 듣고 있으면
이윽고 나의 이야기가 된다

누군가의 '불편'이라는 이름의
낡은 돌 하나를
손끝으로 조심스레 만진다
혹시 다칠까
혹시 놓칠까

마음은 종이에 담기지 않는다
때로는 눈을 마주친 그 찰나에
고맙다는 말 없이도
서로의 진심을 안다

사람 사이,
작은 틈을 메우는
조용한 다리가 되고 싶다
건너온 마음을
더는 미뤄두지 않으려 한다

오늘도 난
마음의 문을 열고
누군가의 이야기를
처음처럼 듣기 위해
골목으로 향한다

아이들의 하루가 피어날 때

작은 손이 부른다
그 부름엔 이유가 없다
오직 믿음만이 담겨 있다

눈을 마주치면
말보다 먼저 전해지는 숨결
작은 떨림 속에
세상의 시작이 숨어 있다

어제보다 한 뼘 자란 마음
오늘도 울다 웃는 얼굴
그 곁에서 나는 배운다
돌봄은 가르침이 아니라
기다림이라는 걸

이름을 부르고
옷깃을 다듬고
작은 발걸음을 지켜보며
나는 느낀다
세상은 아이들로
다시 태어난다는 걸

누군가는 이 일을
직업이라 하고
누군가는 책임이라 했지만
나는 안다
이건 삶이고
사랑이라는 걸

비

속옷까지 젖도록
나는 오늘을 포기했다

우산을 접고
그냥, 걸었다
우두둑
세차게 내리꽂히는 빗줄기
머리칼도, 마음도
하나둘씩 젖어 간다

나는 비가 좋다
눈물이 많은가 보다
참아 온 감정들이
이럴 땐 허락받은 듯

서성이다, 흘러내린다
부슬부슬 내리는 비는
그저 풍경일 뿐
기억은 그렇게 다정하지 않다
우두둑, 내리쳐야
묻어 둔 추억이 살아난다

그리운 이름이 떠오르고
내 어깨를 치는 빗방울이
그때 그 말 같기도 하고
그때 그 표정 같기도 해서

비를 맞는 일이
가끔은 나를 위로한다
젖어도 된다
젖어서, 괜찮다

마술

이룰 수 없는 일이
이루어진다
그걸 마술이라 부른다

지친 하루
길 잃은 마음에
기적이 깃들었으면……

나는 마술을 부리고 싶다
너에게 행복을
너에게 건강을
그리고 너에게
잊고 지냈던 웃음을

손끝으로는 닿지 못할 바람을
소망으로 끌어안고
마음으로 말한다

마술 같은 인생을 살고 싶다
불가능을 기회라 부를 수 있을 만큼
눈앞의 하루가
믿을 수 없을 만큼 아름답도록

오늘도 나는
보이지 않는 주문을 외운다
누군가의 축 처진 어깨 위,
작은 빛 하나, 그 곁에 머물기를……

갈등

같은 방향을 바라보며
다른 길을 걸어간다

말은 닿는데
마음은 엇갈린다

한쪽은 이해를
한쪽은 침묵을……
그 사이에 오해가
자라난다

사실은 별일 아니었다
조금 더 기다렸다면
조금만 물러섰다면

지금 웃고 있었을지 모른다
마음이란 건
늘 옳은 말을 미뤄두고
서운함부터 꺼내곤 한다

그렇게
서로를 걱정하면서도
상처를 주고 만다

갈등은 멀리 있지 않다
가장 가까운 사이에
조용히 깃드는 것이다

다시,
손 내밀 수 있다면 좋겠다
미안하다고 말할 수 있다면
다시
같은 걸음으로 걸을 수 있으니까

세월 여행

빛방울이 가늘게,
어쩌다 한 방울씩 내리는 날
어머니 아버지 산소를 찾았다

서울에서 준비해 온 과일과 음식을
제단에 차려놓고
동생과 함께 인사를 드렸다

깔끔하게 벌초된 산소를 둘러보며
어머니와 아버지의 모습을 떠올렸다

인생이란 게 이런 것인가—
뭉클한 가슴을 안고
과거 속으로 천천히 빠져들었다

주마등처럼 떠오르는
어린 시절의 이야기들이
하나 둘 피어올랐다

방죽에서 멱감던 일,
깡통에 구멍 뚫어
불놀이 하던 일,
옆 동네 아이들과 장대 들고 싸우던 일,
수박 서리하다 들켜서 혼났던 일…

한 편의 드라마처럼
머릿속을 둥글게 맴돈다

이제는
잊혀져 가는 나의 그리움이다

어머니 아버지 산소는
나의 세월 여행이다
다시 다가설 수 없는
짙은 그리움이다

에필로그

나는 이 시집을 넘기며 다시 사람들을 떠올린다.
어매라 부르던 그 목소리, 아버지의 묵직한 뒷모습, 조용히 생일 촛불을 불던 어르신의 눈빛. 골목마다 피어난 꽃들, 강가에 뛰놀던 아이들의 웃음, 황톳길을 걸으며 맡았던 흙내음까지.
모두가 나의 하루였고, 결국 시가 되었다.

짧은 시들이지만 그 속에는 삶이 스며 있다.
그리움이 있었고, 위로가 있었으며, 잊고 지냈던 마음의 향기도 있었다.
나는 그 순간들을 오래 간직하고 싶어 적어 내려왔다.
그리고 이제, 그 기억들을 독자와 함께 나누고 싶다.

돌아보면 시는 멀리 있지 않았다.

눈을 들면 하늘에, 발을 내딛으면 흙 위에, 손을 내밀면 이웃의 온기에 시가 있었다. 내가 걸었던 길, 내 앞에 서 있던 사람들이 곧 나의 시가 되었고, 그들의 목소리가 언어가 되어 흘러왔다.

바람은 늘 거세게 불어오지만, 그 바람 속에서도 꽃은 피어난다.
그 진실을 나는 시를 통해 확인했고, 이 시집에 담아두었다. 혹여 이 시집을 덮는 이 순간에도 독자의 마음 어딘가에 작은 꽃 한 송이가 피어나길 바란다.
그 꽃이 오늘을 견디는 힘이 되고, 내일을 향한 희망이 되기를 바란다.

삶은 언제나 흔들리고, 우리는 늘 그 속에서 길을 찾는다.
그러나 그 길 위에 함께 피어난 작은 꽃들을 기억한다면, 다시 걸어갈 수 있을 것이다. 나는 그 믿음을 담아, 이 시집의 마지막 장을 마무리한다.

바람이 거세어도 꽃은 핀다

지은이	박강수

1판1쇄 발행 2025년 11월 3일

편집&교정교열	유혜지
표지-본문디자인	책공방(공간42미디어)

발행인	이용석
발행처	공간42미디어
등록번호	제2018-000222호
등록일자	2018년 7월 25일

주소 서울특별시 마포구 와우산로 10길 37
전화번호 02)6334-9784
홈페이지 https://gongan42.tistory.com
이메일 gongan42@daum.net

한국어판 출판권 ⓒ 공간42미디어, 2025
ISBN 979-11-995330-4-2 (03190)

*잘못 만들어진 책은 구입처에서 교환해 드리며, 책값은 뒤표지에 있습니다.